글 **노지영**

대학에서 국어국문학을 공부하고 KBS와 EBS 방송국에서 어린이 프로그램 작가로 활동했습니다.
모니터 밖에서 아이들과 더 신나는 이야기를 나누고 싶어서 동화작가가 되었고, 새로운 이야깃거리를 구상하며 즐겁게 생활합니다.
쓴 책으로는 《구석구석 놀라운 인체》, 《떴다! 지식탐험대: 화산과 지진》, 《우리동네 행복한 직업》, 《시험불안 탈출학교》 등이 있습니다

그림 **도니패밀리**

귀여운 그림과 재미있는 표정 연출이 주특기인 신재환, 정동호 두 그림작가로 이루어진 팀입니다.
그림을 보면서 즐거워하는 독자들의 모습을 상상하면서 신나게 작업하고 있습니다.
펴낸 책으로는 《구해줘 카카오프렌즈》, 《몰입영어 월드트레블》 등이 있습니다.

감수 **황신영**

이화여자대학교 과학교육과를 졸업하고, 동대학원에서 박사 학위를 받았습니다.
현재 이화여자대학교 사범대학부설 영재교육원에서 근무하며, 대학생을 가르치고 있습니다.
쓴 책으로 《멘델이 들려주는 유전 이야기》, 《월머트가 들려주는 복제 이야기》,
《초등과학 개념사전》, 《초등학생이 꼭 알아야 할 미생물 이야기 33가지》 등이 있으며,
번역한 책으로는 《천재들의 과학노트: 과학사 밖으로 뛰쳐나온 생물학자들》, 《현대 과학의 이정표》가 있습니다.

매직 엘리베이터 클럽

엘베르토

엘베르토와 함께 매직 엘리베이터를 타고 세상의 모든 지식을 찾아 모험을 하는 클럽이다.

매직 엘리베이터 클럽을 줄여서 '매직 엘리 클럽'이라고도 한다.

호기심이 늘 샘솟는다면

누구나! 매직 엘리 클럽의 회원이 될 수 있다.

매직 엘리베이터를 타면 나타난다.
누구인지, 어디서 오는지 알 수 없다.
모르는 게 없다. 그만큼 말이 많다.
아직도 알고 싶은 게 너무 많다.

매직 엘리베이터

평소엔 평범한 엘리베이터다.
호기심이 발동하는 순간
매직 엘리베이터가 된다.
매직 엘리베이터는
시간과 공간을 초월한다.
매직 엘리베이터의 능력과 한계는
아직 밝혀지지 않았다.

매직 엘리 클럽 규칙

- ✓ 하나. 궁금한 건 참지 않는다.
- ✓ 둘. 매직 엘리베이터를 타고 신나게 모험을 즐긴다.
- ✓ 셋. 모험을 한 후 내 마음대로 보고서를 쓴다.

→ 브라운
무뚝뚝, 무표정하지만 곁에 있는 것만으로 든든한 친구.

열정과 에너지가 넘치는 친구.
→ 코니

→ 초코
브라운의 동생. 궁금한 것도, 꿈도 많은 친구.

★ 매직 엘리 클럽 회원 소개 ★

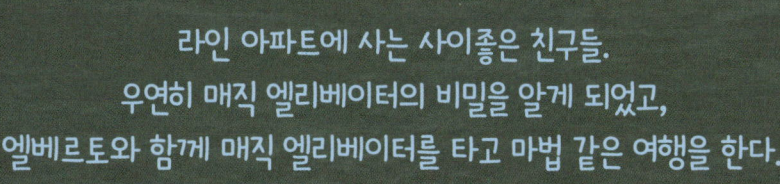

라인 아파트에 사는 사이좋은 친구들.
우연히 매직 엘리베이터의 비밀을 알게 되었고,
엘베르토와 함께 매직 엘리베이터를 타고 마법 같은 여행을 한다.

"세상에는 궁금한 것도, 알아 갈 것도, 경험할 것도 너무 많아!
정말 신나는 일이야!"

레너드 →
미스터리를 좋아하고, 엘베르토의 비밀에 관심이 많은 친구.

에드워드 ←
책을 좋아하고, 스피드를 즐기는 친구.

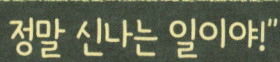

제시카
언제나 명쾌하고 똑 부러지는 친구.

팡요 →
집에 있는 것을 제일 좋아하는 친구.

→ 샐리
친구들 중 가장 힘이 세고, 엘베르토만큼 수다스러운 친구.

정말 근사한 클럽이군! 나도 함께할 수 있을까?

해가 지고 캄캄한 밤이 되었어. 우리는 각자의 방에서 할 일을 하느라 바빴지.
청소를 하는 친구도, 운동을 하는 친구도, 요리를 하는 친구도 있었어.

왜 담요를 두드리면 먼지가 떨어지지?

왜 유리창을 닦는 게 나무 창틀보다 훨씬 힘이 덜 들지?

어떤 힘이 세탁기를 돌아가게 하는 거지?

과학에서의 일과 에너지

음식을 만드는 요리도, 청소도 일이다. 하지만 과학에서의 일은 어떤 물체에 힘이 가해져서 물체가 힘의 방향으로 이동하는 것을 뜻한다. 만약 힘을 썼는데 물체가 움직이지 않으면 일하지 않는 것이다. 일을 할 수 있는 능력이 에너지다.

평범한 일상이었지만 무언가 알 수 없는 힘이 우리와 함께하는 것 같았지.
그렇게 하루를 잘 마무리하고 잠자리에 들게 될 줄 알았어.

그때였어. 갑자기 온 세상이 캄캄해졌어. 전기가 나가고 정전이 된 거지.
"악! 이게 무슨 일이지?"

모두들 너무 놀라 잠시 동안 꼼짝도 하지 못했지.
친구들은 우당탕탕, 손전등과 양초를 찾아 들고 아지트로 향했어.

"으으, 브라운 나랑 같이 가!"
팡요가 떨리는 목소리로 브라운을 부르자 브라운은 손전등을 비추며 기다려 주었어.

"다들 집에서 뭐하고 있었어?"

"어두운 건 싫어."

탁탁탁

"나만 잘 따라오면 돼."

제임스 야구단 모집
야구 방망이의 힘을 느껴 보세요!
-선착순 마감-

"전기는 어떻게 생기고 왜 정전이 되는 거지?"

번쩍! 크르릉 콰쾅! 캄캄한 하늘이 순간 밝은 빛을 내며 번쩍이더니 무시무시한 천둥소리가 들려왔어. 그때 제시카가 말했어.

"집에서 걸레질을 했는데 유리창을 닦을 때만 별로 힘을 주지 않아도 손이 미끄러졌어."

"나는 물장난을 했는데 종이배는 물에 뜨고 쇠구슬만 가라앉더라고."

샐리까지 거들며 말하자 우리는 모두 외쳤어.

"그럴 리가 없잖아! 유령이 있는 거 아냐?!"

우리는 서둘러 저택 안으로 들어갔어. 유령의 집 안으로 들어왔다는 생각을 하니 어깨가 움츠러 들었어. 나는 길목을 막고 있는 의자를 치우려고 했어. 그런데 이상한 일이었어. 카펫 바닥에 놓인 의자는 힘을 세게 주어도 잘 움직이지 않았거든.

"의자가 잘 밀리지 않는 이유는 마찰력 때문이야. 마찰력은 물체의 운동을 방해하는 힘이지."

엘베르토는 마찰력은 우리 주변 어디에서나 쉽게 볼 수 있다고 했어. 제시카가 손뼉을 치며 말했어.

"아하! 나무 창틀을 닦을 때보다 유리가 훨씬 잘 미끄러지는 것도 마찰력이 작기 때문이구나."

"맞아. 큰 가구들처럼 무겁고 바닥에 닿는 면이 넓으면 마찰력도 커지지."

"유령이 앉아 있어서 의자가 움직이지 않는 거 아닐까?"

"보이지 않는 힘의 정체가 마찰력이라고?"

• 마찰력이 커서 좋을 때

등산용 신발 바닥과 타이어에 난 홈은 마찰력을 높여서 미끄러짐을 방지해 준다. 고무를 덧댄 면장갑도 물체를 잡을 때 마찰력을 크게 해 준다.

• 마찰력이 작아서 좋을 때

마찰력이 작은 눈과 얼음 위에서 스키와 썰매를 탈 수 있다. 수영장 미끄럼틀을 탈 때도 물을 뿌리면 마찰력이 작아져서 잘 미끄러진다.

'쿵! 데구르르.'
우리는 윗층에서 나는 소리를 듣고 서둘러 계단을 올라갔어.
복도 끝에서 작은 공과 장난감이 우리를 향해 굴러왔어.
"유, 유령이 굴려 보낸 건가?"
팡요가 몸을 떨며 말했어.

"던진 사람도 없는데 혼자 굴러오다니, 분명 유령의 장난이야!"

"좋아! 내가 상대해 주지."

"관성이라고?"

"이건 유령의 장난이 아니야. 관성 때문이야."
"관성? 그게 뭔데?"
잘난 체하는 엘베르토를 보며 코니가 물었어.
"움직이던 물체는 계속 움직이려고 하고 정지해 있던 물체는 계속 정지해 있으려고 하는 성질이지. 관성의 법칙이라고도 해."

🔍 관성의 법칙이란?

관성은 물체가 힘을 받지 않는 한 정지하거나 원래의 운동 상태를 유지하려는 성질이다. 물체의 운동 상태를 바꾸려면 힘이 필요하다. 관성은 갈릴레이가 발견하고 과학자 뉴턴이 연구하여 뉴턴의 운동 제1법칙이라고도 한다.

"달리기 할 때 결승점을 통과해도 한참 더 달리게 되는 거 알지?"

"아하! 그게 관성 때문이었구나!"

"맞아. 있는 힘껏 뛰면 바로 멈추지 못하고 앞으로 한참 더 나아가야 멈출 수 있어."

일상 생활 속 관성의 법칙

갑자기 버스가 멈추면 버스가 움직이던 방향으로 몸이 쏠린다.

이불을 방망이로 두드리면 이불은 움직이지만 먼지는 정지해 있으려고 하기 때문에 먼지가 떨어진다.

마당으로 나온 우리는 탄성력을 느끼며 공놀이에 빠져들었어.
팡요는 힘들다며 사과나무 아래로 가서 앉았지. 그런데 곧 팡요가 사과를
하나 들고 겁에 질린 표정으로 외쳤어.
"얘들아, 유령이 나를 공격했어!"
"뭐? 어떻게?"
"나무 위에 숨어서 나를 향해 사과를 떨어뜨렸어."

🔍 중력이란?

중력은 지구가 끌어당기는 힘이다. 지구가 우리를 지구 중심으로 끌어당기고 있기 때문에 우리는 지구 어느 쪽에 서 있든 상관없이 땅에 발을 딛고 서 있을 수 있다. 지구는 지구의 모든 것뿐만 아니라 지구 주위를 도는 달과 인공위성까지 끌어당기고 있다.

"유령이 사과를 던진 게 아니란 말야?"

"이 공도 지구가 끌어당기고 있나 봐."

"더 힘껏 공을 던져도 땅으로 떨어질까?"

"유령아, 꼼짝 마!"

레너드가 고무총에 작은 돌을 놓고 사과나무를 향해 쏘았어.

그러자 사과 한 개와 나뭇잎들, 돌멩이가 모두 땅으로 떨어졌지.

"왜 전부 다 땅으로 떨어지지?"

"지구가 모든 것들을 잡아당기고 있어서 그래. 그 힘이 바로 중력이야."

엘베르토가 모자를 높이 던졌다가 다시 받아 들며 말했어.

눈과 비가 하늘에서 떨어지는 것도 다 중력 때문이래!

중력 때문에 훨훨 날아다닐 수 없는 거구나.

만유인력이란?

두 물체가 서로 끌어당기는 힘을 '만유인력'이라고 한다. 달이 지구 주위를 도는 것은 만유인력 때문이다. 지구와 달이 서로 끌어당기고 있기 때문에 달이 일정한 궤도를 그리며 지구 주위를 돌고 있는 것이다.

내 힘으로 끌어당겨 주겠다.

사실 나도 지구를 끌어당기고 있다고!

🔍 만약 중력이 없다면?

사람은 서서 걷지 못하고 공중에 둥둥 떠서 다녀야 한다. 몸을 지탱할 필요가 없어서 뼈와 근육이 약해진다. 사람뿐아니라 물건도 둥둥 떠 있게 된다.

신나게 놀았더니 물에 젖은 물건과 수건들이 잔뜩 쌓였지.
"다 젖어 버렸네."

우리는 2층 창문으로 연결된 도르래 바구니에 빨랫감을 넣고 잡아당겼어. 힘을 별로 주지 않았는데도 바구니는 술술 잘도 올라갔지.
"위에서 유령이 잡아당기고 있는 거 아냐?"
샐리가 외치자 엘베르토가 대답했어.
"도르래 때문이야. 도르래는 지레의 원리를 이용한 도구 중 하나지."

지레의 원리

지레는 받침대와 막대를 써서 물건을 들어올리는 도구다. 지레의 원리를 이용하면 무거운 바위도 적은 힘으로 들어올릴 수 있다. 받침점이 바위와 가까울수록, 사람이 받침점과 멀어질수록 더 적은 힘으로 바위를 들 수 있다.

도르래

도르래는 물체를 들어올리거나 움직일 때 바퀴에 줄을 걸어서 힘을 적게 쓰게 하거나 힘의 방향을 바꾸는 도구이다. 엘리베이터나 블라인드 등에 이용한다.

전기력과 자기력

전하를 띠는 물체 사이에 작용하는 힘을 말한다.
서로 같은 전하를 띤 두 물체는 밀어내는 척력이 작용하고
서로 다른 전하를 띤 두 물체는 끌어당기는 인력이 작용한다.

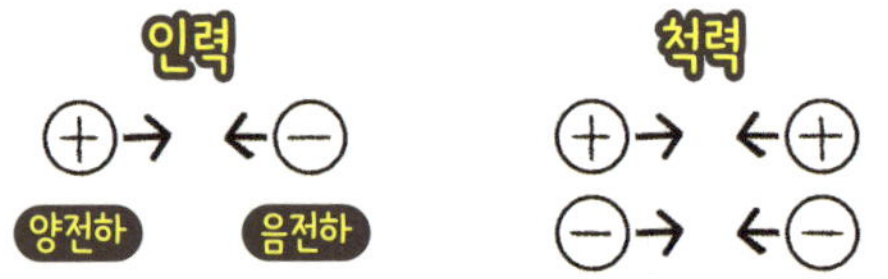

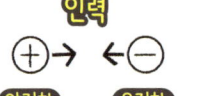

비슷하게 자석과 금속 사이에 작용하는 힘을 자기력이라고 한다.

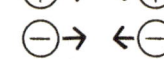

🔍 정전기는 왜 일어날까?

정전기는 건조한 곳에서 마찰이 일어날 때 발생하기 때문에 마찰 전기라고도 한다. 어떤 물체가 갖고 있는 음전하와 양전하의 양이 같으면 그 물체는 전기적 성질을 띠지 않는다. 하지만 전기적 성질을 갖지 않는 물체에 마찰이 생기면 이동하기 좋아하는 음전하가 다른 물체로 이동한다. 그러면 한쪽 물체는 양전하를, 또 다른 물체는 음전하를 띠게 된다. 바로 이때, 양전하와 음전하가 서로 잡아당기면서 정전기가 발생한다.

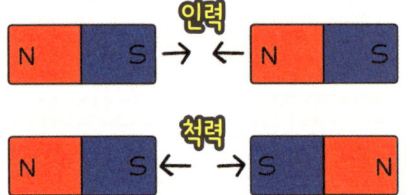

우리는 2층으로 올라와 젖은 몸을 말렸어. 그때 초코가 소리쳤어.

"으악! 도와 줘! 유령이 나타났어!"

우리는 모두 초코에게 달려갔어.

"내가 드라이어를 꺼내려고 서랍을 여는데 손에 전기가 통했어!"

"아하! 그건 유령이 한 짓이 아니라 정전기야. 건조한 곳에서 마찰이 일어나면 발생하지. 정전기는 전기력에 의한 현상이야."

엘베르토가 고개를 저으며 말했어.

> 흐음, 이상한 현상이군.

> 정전기는 흔한 현상이야.

> 전기 코드가 빠져 있는데 전기가 느껴졌다고?

> 으으, 왠지 오싹해!

> 흐르지 않고 멈춰 있는 전기가 정전기야.

"전기 에너지로 요리를 한다니 정말 신기해."

"에너지는 상황에 따라 다른 형태로 변화해."

온실에는 다양한 채소들이 자라고 있었어.
"나는 채소가 정말 좋아! 맛있는 샐러드를 만들수 있잖아."
샐리가 채소를 뜯으며 말했어. 그때였어. 엘베르토가 온실 안으로 들어섰지.
"태양의 빛 에너지가 채소들을 무럭무럭 키우고 있구나!"

"태양 빛도 에너지가 돼?"

"온실 안은 무척 덥네."

"태양 빛을 받으면 식물이 스스로 필요한 에너지를 만들어 쑥쑥 자라지."

빛 에너지

빛 에너지는 빛이 갖는 에너지다. 태양뿐 아니라 전등에서 나오는 빛에서도 에너지를 얻을 수 있다. 식물은 햇빛을 받아 광합성을 하고 영양소를 얻는다.

"햇빛과 물이 있으면 식물은 영양분을 스스로 만들 수 있어!"

여러 가지 음식을 먹으며 배를 채우고 있을 때였어.
"으악! 진짜 유령이다!"
샐리와 에드워드의 비명소리에 우리는 서둘러 거실로 나갔어. 거실 계단에서는 박스가 스르르 올라가고 보자기가 공중을 날아다니고 있었어.
"흐음, 박스랑 보자기는 중력 때문에 바닥으로 떨어져야 하는데 이상하군."
엘베르토는 천천히 다가가 박스와 보자기를 낚아챘어.

음식은 사람의 에너지 자원

음식은 몸을 움직이는 데 연료 역할을 한다. 음식물에 들어 있는 영양소는 우리 몸을 자라게 하고, 병에 걸려 아프거나 다친 곳이 있으면 빠르게 회복하도록 도와준다. 또 운동을 하고 공부를 하는 데 필요한 에너지 자원이 되어 준다.

🔍 에너지는 어디에서 올까?

우리가 생활 속에서 이용하는 에너지의 대부분은 태양 빛으로부터 얻는다. 태양 빛을 받아 식물이 자라고, 초식동물과 육식동물, 인간도 음식을 통해 필요한 에너지를 얻게 된다. 태양 빛을 받아 증발된 물이 구름이 되어 비를 내리면 땅에서는 물이 높은 곳에서 떨어지는 힘과 파도의 힘을 이용해 전기를 만들 수도 있다.

이번엔 진짜 유령일까?

중력의 법칙대로면 박스가 저절로 움직일 수 없지.

어서 비밀을 밝혀 보자!

롤러코스터도 저절로 레일을 오르잖아?

롤러코스터는 전기 에너지로 움직이는 거라고.

"야아오옹!"
"뭐야? 고양이랑 새잖아? 역시 유령은 없나 봐."
우리는 가슴을 쓸어내렸어. 그때 형광등 빛이 깜빡거렸지.
"또 정전이 되려나 봐. 우선 밖으로 나가자."
엘베르토가 말했어.

이 집에서 일어나는 이상한 현상들은 다 이유가 있었네.

다시 정전이 되려나 봐.

유령은 없다고.

알 수 없는 힘의 정체는 힘과 에너지!

힘은 물체의 모양이나 운동 상태를 변화시키는 원인이고 에너지는 일을 할 수 있는 능력이다. 힘과 에너지는 우리 몸속뿐만 아니라 생활하는 모든 곳에 여러 가지 작용을 하며 나타난다.

놀이공원에는 정말 신나는 놀이기구가 많았어. 우리는 가장 먼저 롤러코스터에 올라탔어.

열차는 레일을 따라 천천히 올라갔지.

"지금 위치에너지가 커지고 있어."

어디선가 소리치는 목소리가 들렸어.

레일 꼭대기에 올라선 열차는 잠시 덜컹이더니 빠른 속도로 아래로 떨어졌지.

"끼아악! 꼭대기에서 생긴 위치 에너지가 운동에너지로 바뀌었어! 엘베르토가 에너지 전환을 알려줬지."

에드워드가 흐뭇한 미소를 지으며 아래서 외쳤어.

뒷자리는 속도가 붙어서 가장 빠르게 내려간다고! 꾸엑 멀미!

곧 아래로 떨어질 거야!

지금이 위치 에너지가 최고점에 이르는 지점이야!

으아아악 무서워!

덜컹!

에너지의 형태가 바뀌는 것을 에너지의 전환이라고 한다. 전기에너지를 이용해 형광등을 켜면 밝은 빛과 뜨거운 열이 나온다. 전기 에너지가 빛 에너지와 열 에너지로 전환되는 것이다.

전기 에너지가 열 에너지로 바꼈어!

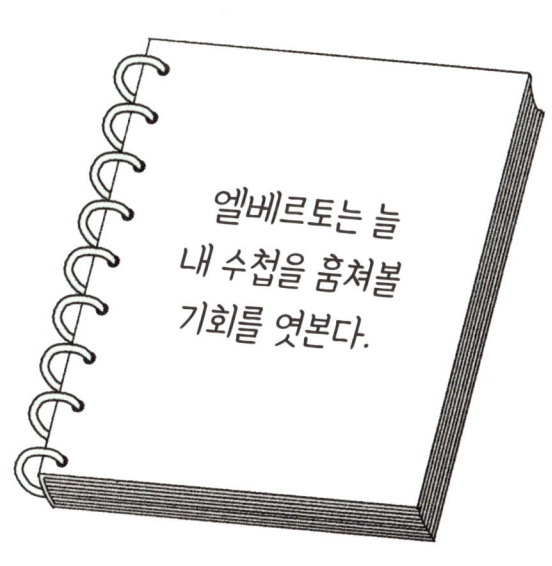

★ 감수자의 글 ★

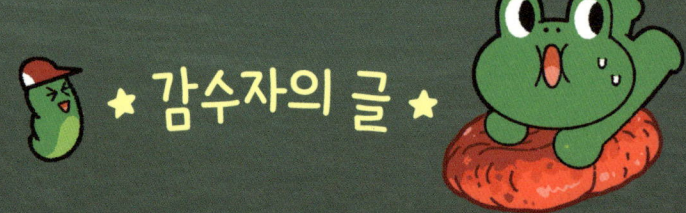

우리가 살고 있는 세상에는 궁금한 것도 많고 알고 싶은 것도 많습니다.
이러한 궁금증은 바로 과학을 통해 해결할 수 있지요. 과학은 어떤 사건이나 현상을 이해할 수 있는
기본 원리가 담긴 학문입니다. 저학년 어린이들은 과학에 대한 흥미가 높습니다.
현미경, 시험관, 비커 등의 실험 기구를 가지고 탐구하며 신나게 궁금한 점을 해결합니다.
그런 과정을 통해 과학이 우리의 생활과 뗄 수 없는 것임을 알기도 합니다.
하지만 고학년으로 갈수록 과학을 점점 어렵게 생각하고 포기하는 학생들이 늘어납니다. 왜 그럴까요?
과학의 개념들을 충분한 이해 없이 그저 외우려고만 하기 때문입니다.
학년이 올라갈수록 배워야 하는 과학의 양은 늘어나니 외워야 할 것이 많아지고,
개념이 복잡해지기 때문에 과학이 어렵다고 느끼는 것이지요. 따라서 어렸을 때 과학을 외워야 하는
따분한 과목이 아닌 재미있는 과목으로 느낄 수 있도록 해야 합니다.

매직 엘리베이터를 타고 과학 모험을 떠나 보세요. 평소 궁금했던
여러 가지 현상들의 과학 원리에 대해 알 수 있답니다. 브라운앤프렌즈 캐릭터들과 함께
사람의 몸속, 공룡 시대, 곤충의 세계, 별과 우주, 심해 등 다양한 곳을 탐험하면서 자연스럽게
과학에 대한 흥미와 호기심, 지식을 쌓을 수 있습니다.

매직 엘리클럽에 가입하고 신나는 모험의 세계로 떠나 볼까요?

- 황신영 -

글 노지영 그림 도니패밀리 감수 황신영
초판 1쇄 인쇄 2022년 11월 21일
초판 1쇄 발행 2022년 12월 9일

펴낸이 김영곤
키즈사업본부장 김수경 에듀1팀 김지혜 김현정 김지수 디자인 박지영
아동영업마케팅본부장 변유경 아동영업1팀 이도경 오다은 김소연 아동영업2팀 한충희 오은희 강경남
아동마케팅1팀 김영남 황혜선 이규림 황성진 아동마케팅2팀 임동렬 이해림 안정현
라인프렌즈 강병목 김은솔 김태희

펴낸곳 ㈜북이십일 아울북 출판등록 2000년 5월 6일 제406-2003-061호
주소 (우 10881) 경기도 파주시 문발동 회동길 201
연락처 031-955-2100(대표) 031-955-2414(내용문의) 031-955-2177(팩스) 홈페이지 www.book21.com
ISBN 978-89-509-4285-4 (74400)

Licensed by IPX CORPORATION

본 제품은 아이피엑스 주식회사와의 정식 라이선스 계약에 의해 ㈜북이십일에서 제작, 판매하는 것으로
아이피엑스 주식회사의 명시적 허락 없이는 어떠한 경우에도 무단 복제 및 판매를 금합니다.

＊책값은 뒤표지에 있습니다. ＊잘못 만들어진 책은 구입하신 서점에서 교환해 드립니다.

- 제조자명 : ㈜북이십일
- 주소 및 전화번호 : 경기도 파주시 회동길 201(문발동)
  031-955-2100
- 제조연월 : 2022년 12월 9일
- 제조국명 : 대한민국
- 사용연령 : 3세 이상 어린이 제품

오래된 물건들은 신비한 힘을 품고 있어.
매일같이 보던 물건이 유난히 다르게 보일 때가 있지.
그때가 바로 신비한 힘이 발휘되는 순간이야.
마치 마법처럼 말이야.